QUESTION

D'ÉTAT CIVIL ET HISTORIQUE.

QUESTION

D'ÉTAT CIVIL ET HISTORIQUE.

NAPOLÉON BUONAPARTE

EST-IL NÉ FRANÇAIS?

Par M. Eckard.

Neutiquàm hæc res neglectui est tibi.
Térent. *Heaut.*

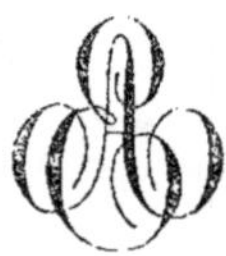

ÉVERAT, IMPRIMEUR, RUE DU CADRAN Nº 16.

1826.

AVIS.

J'ai soutenu l'opinion contraire à celle que
je vais établir; l'écrit est resté inédit, mais je
l'ai communiqué, et mon erreur a été adop-
tée, ou recueillie, par plusieurs historiens:
détrompé, je m'empresse de publier le résul-
tat de mes recherches.

Les noms patronymiques, quel que soit l'u-
sage de les prononcer, ne doivent subir aucune altération lorsqu'on les écrit. J'écrirai
donc constamment Buonaparte, ainsi qu'il
l'a signé jusqu'à l'âge de trente-trois ans, et
particulièrement sur l'acte civil de son mariage avec *Joséphine*, ainsi que M. Charles
Buonaparte, son père, a signé les actes de
Naissance, ou de Baptême, de *Napoléon* et
de *Joseph*, et ainsi que toutes les personnes
de leur famille ont signé différens actes que
j'ai eus sous les yeux.

SOMMAIRE.

NAPOLÉON BUONAPARTE

EST-IL NÉ FRANÇAIS?

BAYLE et les meilleurs biographes ont toujours recherché soigneusement quels étaient le lieu et l'époque précise où les moindres personnages dont ils se sont occupés, ont reçu le jour; et leurs querelles, à ce sujet, ont souvent été fort vives. Cependant, et malgré toute l'importance que Buonaparte lui - même y attachait, l'un de ses principaux historiens a traité d'oiseuse la question que l'on se propose de discuter ici, et qui toutefois en renferme une vraiment intéressante pour nous, celle de savoir si la France, sous l'empire de Napoléon, a été, ou non, gouvernée par un Étranger. On conçoit que le talent qui se consacre à célébrer les grands événemens dédaigne les discussions arides; mais puisque les moindres particularités de la vie d'un homme extraordinaire attirent toujours l'attention, l'intérêt de la vérité, base essentielle de l'histoire, exige qu'un fait si rapproché de nous et déjà fort controversé, soit franchement et promptement éclairci (1).

« *Napoléon Buonaparte est-il né le 5 février* 1768, ou *le* 15 *août* 1769? »

Ceux qui soutiennent la première date se fondent sur ce qu'il est dit, dans l'acte de célébration de son mariage avec *Marie-Joseph-Rose de Tascher*, (Joséphine), inscrit aux registres de l'État civil du deuxième arrondissement de Paris, le 19 ventôse an 4, ou 9 mars 1796, que *Napoléon Buonaparte est né à Ajaccio, le* 5 *février* 1768, et que son acte de naissance, visé par l'officier civil, a constaté cette date. Ils font observer que cette même date s'accorde parfaitement avec ce qui est dit plus haut, dans l'acte de mariage, que l'*époux est âgé de vingt-huit ans*, révolus effectivement le 5 février précédent. Enfin, qu'à la lecture, Buonaparte se serait élevé contre ces deux énonciations, si elles n'avaient pas été également exactes, et qu'il aurait exigé qu'elles fussent à l'instant rectifiées.

Assurément il n'y aurait pas eu de contestation, si l'acte de naissance, qui, conformément à la loi, était resté déposé aux archives de la Mairie, s'y retrouvait encore; mais il en fut retiré, d'après les ordres de Napoléon et par un de ses aides-de-camp, au commencement de 1810, lorsqu'il faisait prononcer la nullité de son mariage avec Joséphine, et préparer des registres exclusivement destinés aux actes civils de sa famille. Ce fait, quoique inoui, ne peut être révoqué

en doute ; car , outre la tradition qui s'en est conser-
vée dans les bureaux , **M.** Duclos mort en juin 1813 ,
chef de celui de l'État civil , n'osant ni résister à une
réquisition inopinée , faite au nom de l'Empereur , ni
s'en expliquer plus librement , écrivit , au moment
même , sur l'une des pièces de la liasse de Buonaparte :
« Son acte de naissance lui a été remis , ne pouvant ,
» à l'instant de sa demande , lui en délivrer copie ; »
faible excuse , si l'on considère qu'il ne fallait que trois
ou quatre minutes pour expédier cette copie et la re-
mettre de suite , comme il arrive dans les cas urgens.

Au surplus , toutes les tentatives pour découvrir ce
que cet acte est devenu ont été infructueuses. C'est
après avoir examiné attentivement les pièces et le
registre demeuré entièrement intact, (tous m'ayant
été communiqués , de l'agrément de **M.** le Maire ,
par **M.** Labitte , chef actuel de ce bureau), et
sur une expédition authentique de l'acte de mariage,
que j'ai rapporté tous les faits qui précèdent , et que
j'appuierai quelques-uns de ceux qui me restent à
exposer (2).

Quant aux personnes qui au contraire regardent
comme certaine la date du 15 août 1769 , elles se fondent sur l'autorité du *Moniteur* , sur celle des *Almanachs impériaux* et d'autres pièces officielles , ainsi
que sur un *État des élèves de l'école de Brienne*, dressé,
dit-on, avant la révolution, et dans lequel cette date

se trouve à la suite du nom de *Buonaparte* (Napoléon). Cet *État*, *Note* ou *Certificat*, suivant ceux qui le citent, retrouvé, dit-on encore, dans les papiers de feu le maréchal de Ségur, Ministre de la guerre sous Louis XVI, a été imprimé dans un Recueil allemand intitulé : *Annales de l'Europe*. Il a été reproduit dans la *Biographie nouvelle des contemporains*, tome 3, page 148, et dans plusieurs ouvrages ; mais personne, que je sache, n'assure en avoir vu l'original : Il n'a donc subi aucun examen critique ; néanmoins, à la Cour même de Napoléon, la date officielle trouvait des incrédules.

Enfin l'auteur d'un écrit qui a pour titre ; *Bigamie de Napoléon Buonaparte,* etc., prétend que le futur époux, empressé de conclure son mariage, et n'ayant pas son extrait de baptême, a fait usage de celui de *Joseph Napoléon*, son frère aîné, qui, ainsi qu'on va le prouver, a reçu ces deux prénoms : accusation grave et que la suppression de cet acte rend problématique.

M. Salgues est le premier qui, en 1814, ait annoncé positivement la date du 5 février 1768, et pour la justifier, il a transcrit, en entier, l'acte de mariage de Buonaparte, tome 1er, page 66 de ses *Mémoires pour servir à l'Histoire de France*, etc. Il indique deux motifs qui, suivant lui, engagèrent Napoléon à se rajeunir de dix-huit mois, dont l'un était de faire oublier le vœu de Louis XIII, et de se faire regarder lui-même comme le patron de la France ; et l'autre, le seul plausible, est qu'il voulut se faire considérer comme Français. Quant à l'*Etat des élèves* ou *Note*, M. Salgues dit qu'il est évident qu'elle a été fabriquée après coup, et d'après ces expressions ; *sera un excellent marin*, il infère que c'est à l'époque où Buonaparte s'occupait du projet de descendre en Angleterre.

M. Mahul a aussi transcrit l'acte de mariage sous l'article *Buonaparte* (Napoléon), de son *Annuaire nécrologique pour* 1821. Cependant il a adopté la date officielle du 15 août 1769, quoiqu'il reconnaisse qu'elle est contredite par l'acte qu'il rapporte. Il est vrai que l'authenticité de *l'État des élèves* ne lui paraît pas avoir été suspectée ; et il remarque qu'il est impossible d'accorder la date de la naissance de *Napoléon*, si on la fixe au 5 février 1768, avec celle de son frère *Joseph*, que tous les almanachs ont, dit-il, placée, sans contestation, au 7 janvier de la même année.

Ce judicieux biographe était dans quelque erreur sur ce dernier point. Dans le fait, les Almanachs impériaux de l'an 13, ou 1805, de 1806 et de 1807, ont d'abord indiqué la naissance de *Joseph*, au 5 février 1768, (jour de celle de *Napoléon*, suivant son acte de mariage) ; mais ce n'est qu'en 1808 et dans les années suivantes, qu'on y lit que *Joseph* est né le 7 janvier 1768.

Il est à propos d'observer encore que Napoléon, si

attentif à ce qui le concernait dans le *Chapitre des naissances ou des alliances des Souverains de l'Europe*, a fait porter dans ces almanachs, la naissance de l'Impératrice sa femme, au 24 juin 1768, tandis que dans l'acte de leur mariage, il est établi qu'elle est née le 23 juin 1767 : date non moins fautive, ainsi que le seul nom de *Joséphine*, comme on le verra en son lieu (4).

On trouve, à ce sujet, dans le *Mémorial de Sainte-Hélène*, un passage curieux, et que je vais transcrire.

« La conversation, dit M. le comte de Las Cases, est tombée sur l'âge des femmes, et leur répugnance à le laisser connaître.... L'Empereur a cité une grande dame qui, en se mariant, avait trompé son mari de cinq ou six ans au moins, en imaginant de produire l'extrait baptistaire d'une sœur cadette, morte depuis long-temps. « La pauvre Joséphine s'exposait pourtant » à de graves inconvéniens, disait l'Empereur ; ce » pouvait être réellement un cas de nullité du mariage ». (*) Ces paroles, continue l'auteur du *Mémorial*, nous ont donné la clé de certaines dates qui, dans le temps, aux Tuileries, exerçaient notre malignité et nos rires, et que nous expliquions alors par la

---

(*) Pourquoi n'a-t-on pas invoqué ce moyen, lorsqu'il fit prononcer cette nullité? On a vu, page 10, qu'on lui impute une semblable supercherie.

seule galanterie et l'extrême complaisance de l'Almanach impérial. »

Ainsi, chose singulière ! les noms et les dates de la naissance de Napoléon et de celle de Joséphine, la validité de leur mariage et celle de leur séparation ; en un mot, tous les actes de leur état civil, ou politique, ont été mis en question. (*).

Tant de motifs d'incertitude, cet *Etat des élèves de l'école de Brienne*, que personne n'a vérifié, et que chacun rapporte à sa manière, mais, surtout la disparition par le fait de Napoléon, de son acte de naissance ; tout inspirait donc des préventions fondées contre la date qu'il avait proclamée officiellement. Cependant, ce n'est qu'après avoir considéré que le fait, essentiel ici, qu'il est né le 5 *février* 1768, a été reconnu solennellement par Buonaparte, lui-même, dans un acte irréprochable, et qu'à cette époque il n'avait aucun intérêt d'altérer la vérité ; ce n'est qu'alors, dis-je, que je me suis déterminé à ne plus douter que ce jour-là ne fut celui de sa naissance.

J'ai communiqué ces recherches à plusieurs gens de lettres, et particulièrement à l'auteur de l'*Histoire de Napoléon Buonaparte*, etc., M. H...., qui terminait l'im-

---

(*) *La Quotidienne*, du 3 août 1823, a publié les *Conclusions motivées* du Promoteur sur la question de savoir, si Napoléon était validement marié à Joséphine, et suivant lesquelles l'Official diocésain a prononcé la nullité de leur mariage. Cette pièce appartient à l'Histoire.

pression de cet important Ouvrage. Il avait suivi la date officielle ; mais il accueillit mes recherches et en présenta le résumé, page 565 de son quatrième volume. (*). J'espérais qu'ayant indiqué la Mairie où se trouve l'acte de mariage, et répété ce que j'ai révélé sur l'enlèvement de celui de naissance, il en résulterait quelques explications; néanmoins, on a gardé le silence.

Je dois aussi faire observer que, si l'examen du registre et des pièces, par des personnes qui étaient d'un avis différent du mien, a procuré des prosélytes au système du 5 février 1768, cependant la plupart des écrivains ont admis et répété, sans discussion et sur la foi l'un de l'autre, la date du 15 août 1769.

Quoi qu'il en soit, attentif à tout ce qui pouvait jeter quelque jour sur la question, j'avais écrit en Corse pour obtenir différens éclaircissemens ; mais, soit éloignement des lieux, soit opinion politique, je n'ai reçu aucune réponse satisfaisante.

Enfin parurent les *Observations sur la Corse*, et j'y aperçus, page 21, un trait de lumière. C'est un acte de baptême, que l'auteur de cet ouvrage, M. le comte de Beaumont, alors sous-préfet à Calvi, et actuellement préfet du département de l'Aude, assure avoir copié *littéralement* sur le registre de l'état civil d'Ajac-

____

(*) *Histoire de Napoléon Buonaparte, offrant le tableau complet de ses opérations Militaires, Politiques et Civiles, de son élévation et de sa chute.* Par P. F. H...., 4 volumes in-8°. Paris. Michaud. 1823.

cio, où il est inscrit, à la date du 21 juillet 1771, et dans lequel il est énoncé que « *Napoléon Buonaparte est né le* 15 *août* 1769 (3). » M. de Beaumont n'avait, dit-il, pour but, en examinant ce registre, que de connaître l'orthographe exacte du nom de famille de Napoléon. Mais, prévoyant quelques objections de la part de ceux qui placent la naissance au 5 février 1768, et ne sachant pas, sans doute, qu'elle est aussi justifiée par un acte authentique, il a cru suffisant de leur répondre : « qu'on ne saurait rien conclure du retard apporté dans la rédaction de l'acte, et qu'en Corse, il n'est pas rare qu'on ajourne ainsi la cérémonie du baptême. L'on ne voit pas, ajoute-t-il, quelle utilité M. Buonaparte eût pu trouver à rajeunir son fils ; car la France n'a jamais traité différemment les insulaires nés sous sa domination, de ceux qui avaient vu le jour avant. » (*)

L'exposé d'un homme du caractère de M. de Beaumont, mérite assurément toute confiance ; mais si un acte de baptême n'est pas un acte de naissance, lequel des deux actes contient la vérité ? Doit-on préférer celui qu'il indique, à l'acte sanctionné par Buonaparte lui-même ? D'ailleurs M. de Beaumont, en avouant, page 102, que l'administration de l'état-civil est, en Corse, dans un désordre complet, a fait naître

______

(*) *Observations sur la Corse*, etc., page 22, in-8°, Paris, imprimerie de Lefèbvre, 1823.

cette autre objection , bien sérieuse : Le registre d'A--jaccio n'a-t-il éprouvé aucune altération ? Un examen sévère de ce registre devenait donc indispensable.

Je fus assez heureux de m'adresser à M. le chevalier Peraldi, sous-préfet de Sartène, en Corse, et membre de la chambre actuelle des députés. Il voulut bien envoyer, à l'un de ses parens, résidant à Ajaccio, la série de mes demandes ; et celui-ci s'empressa d'y donner toute l'attention qu'elles exigeaient. Je les mets sous les yeux du lecteur , ainsi que les réponses que ce parent, M. Peraldi , membre du conseil-général du département, a faites en marge de chacune d'elles.

1° Existe-t-il sur les registres d'Ajaccio , un acte qui constate que *Napoléon Buonaparte* est né le 5 février 1768, ou postérieurement ?

Réponse. « Il n'existe aucun acte relatif à la naissance de Napoléon Buonaparte. »

2° Existait-il en Corse un mode de constater l'état-civil , au moment de la naissance, autre que celui de l'acte de baptême , lorsque cette cérémonie était différée ; et quel était ce mode à l'époque de la naissance de Buonaparte ?

Réponse. « Les registres des paroisses constataient seuls en Corse, avant la révolution , l'état-civil des personnes. Lorsque l'administration du baptême et les cérémonies se faisaient en deux temps différens, le curé inscrivait ordinairement l'une et l'autre sur son registre, les jour et an qu'elles avaient été faites. » *

3° Quel est, suivant lui, (ce mode, ou registre), l'époque précise de la naissance de Napoléon Buonaparte ? En obtenir, s'il est possible, une pièce probante.

Réponse. « L'époque précise de la naissance de Napoléon Buonaparte, est le 15 août 1769. La pièce probante serait l'extrait du registre de 1771, cité par M. de Beaumont, qui, en cela, est très-ponctuel ; et ses allégations, à ce sujet, ne sont susceptibles d'aucune observation. »

4° Dans le registre de 1771, où l'acte est inscrit, *verso* du 5ᵉ feuillet, le prénom *Napoleone*, et les dates *quindici agosto mille settecento sessanta noue*, n'ont-ils pas été surchargés ?

Réponse. « Le prénom *Napoleone*, il *quindici agosto mille settecento sessanta noue*, ne sont point surchar-

<hr>

(*) La double inscription n'avait pas lieu en France ; l'exemple suivant est remarquable.

« La vérité, dit Wagnière, est que, Voltaire naquit le 20 février 1694, » et non le 20 novembre, quoique son extrait de baptême, que j'ai vu et tenu, porte cette dernière date. Il ne fut baptisé que huit mois après avoir » été ondoyé. » *Mémoires sur Voltaire*, tome 1ᵉʳ, page 19. Paris, 1826.

gés , mais écrits d'un seul trait et très-nettement. Les signatures de *Carlo Buonaparte*, ainsi que des parrains , sont encore reconnues par plusieurs personnes de cette ville.

5° Y a-t-il des lacunes dans le registre , et ne peut-on pas présumer que l'acte de baptême a été inscrit après-coup?

Réponse. « Non. L'acte n'a pas été inscrit après-coup , se trouvant presqu'au milieu du feuillet, et précédé et suivi d'une quantité d'inscriptions toutes authentiques. »

6°. Enfin , on desirerait connaître la date précise de la naissance de *Joseph* Buonaparte , frère aîné de *Napoléon.*

Réponse. « On transmet une copie de l'acte de naissance de *Joseph* Buonaparte. »

Or, dans cet acte, extrait des registres de l'État-civil d'Ajaccio et qui est en forme légale, on lit que le 7 janvier 1768 , est né le fils de M. Charles Buonaparte : « *cui impositum fuit nomen Joseph Nabulion.* » J'ai copié littéralement. Au témoignage de M. le Chevalier Peraldi, le prêtre rédacteur a écrit ce dernier prénom comme on prononce *Napolione,* en Corse.

Ainsi il est incontestable que *Napoléon Buonaparte* est né *le quinze août mil sept cent soixante-neuf.*

Maintenant j'examinerai cette importante question : « *Napoléon Buonaparte doit-il être considéré comme* « *né Français ?* »

On sait que dans toutes les circonstances de sa vie, Buonaparte a manifesté combien il était jaloux de persuader qu'il avait l'avantage d'être né Français. Cependant la plupart des historiens et de ses biographes le lui ont contesté, ou bien ils ont gardé le silence à ce sujet. Il y a plus, l'auteur qui lui élève le monument historique le plus somptueux, une apothéose, semble passer condamnation sur ce point, lorsqu'il écrit : « Napoléon naquit à Ajaccio : est-ce le 5 février » 1768, ou le 15 août 1769 ?.... En se rajeunissant de » dix-huit mois, le but de Napoléon aurait été, dit-on, » de se faire considérer comme né Français ?...... » Ignorait-il que de toutes les circonstances qui pou- » vaient lui donner le *caractère* de Français, la date » de sa naissance était la moins concluante ; que l'en- » fant est toujours de la nation de ses pères ; qu'il ne » pouvait être que Corse, *même après la réunion*, » par cela seul qu'il était né de père et mère Cor- » ses ?..... »

On se contentera de répondre qu'il ne s'agit point de discuter quel était le *caractère* personnel ou politique de Buonaparte, mais de fixer l'époque précise de sa naissance ; et que, certainement, il connaissait trop bien le Droit public et le Droit français pour

adopter, sur ce point, les assertions de son historien.
Napoléon savait très-bien que, par la réunion de la
Corse à la France, cette île est devenue partie inté-
grante du royaume, (comme d'autres provinces le sont
à différens titres), et que ses habitants y ont, dès-lors,
acquis tous les droits de la naturalité. De sorte que
ceux qui sont nés en Corse, *depuis la réunion*, sont
nés *Français*, dans l'unique sens de cette expression.

Or, voici quel était l'état des choses dans notre question. Aux termes du traité du 15 mai 1768, la Corse a été
remise à la France en nantissement des dépenses im-
menses que cette puissance avait faites, et de celles
qu'elle devait faire pour la réduction de cette île sous
la domination de la république de Gênes, (*Art de vérifier les dates*, in-fol., tome III, page 742). Ce mode
conciliait les divers intérêts politiques. « Mais, c'était,
» en effet, dit Voltaire, céder à jamais la Corse; car
» il n'était pas probable que les Génois fussent en état
» de racheter ce royaume. » (*) C'est donc de ce traité,
conclu entre le duc de Choiseul et le marquis de Sorba,
quinze mois avant la naissance de Napoléon Buonaparte, que sont dérivés et les droits positifs de la
France sur la Corse, et les dernières soumissions des
Pièves, (cantons), entre les mains du comte de Vaux,

____

(*) Les Génois, à qui l'île de Scio fût cédée par l'Empereur de Bizance
pour sûreté d'une somme qu'il leur devait, y établirent leur domination et
leurs lois ; ils la conservèrent long-tems et jusqu'à ce que Soliman en fit la
conquête sur eux en 1566.

général en chef, le 14 juin 1769. « De la condition d'ilotes de Gênes, comme l'observe le même M. de Beaumont, Louis XV fit passer subitement les Corses à la qualité de Français privilégiés, en faisant de leur pays une province d'États. » Enfin, les discussions élevées dans l'Assemblée constituante, au mois de janvier 1791, ont montré que la réunion de la Corse à la France, est absolue.

Ainsi, il est de même incontestable que *Joseph* a été naturalisé, et que *Napoléon Buonaparte est né Français*.

La France n'a donc pas été soumise à un Étranger, comme on l'a répété, en divers écrits, et notamment le Sénat de Napoléon, dans sa proclamation du 3 avril 1814.

Il est à regretter que ces différens détails n'aient pas été plus connus de l'auteur de la *Vie politique et militaire de Napoléon*, et qu'il n'ait voulu qu'entrevoir les questions que l'on vient d'éclaircir. Autrement, M. Arnault se serait plu à les résoudre, et il aurait imprimé à leur décision, toute l'autorité de son nom.

NOTES

ET

PIÈCES JUSTIFICATIVES.

N° 1.   (*Page* 7).

« Napoléon naquit à Ajaccio : est-ce le 5 février 1768, ou le 15 août 1769 ? Cette question, qu'on a déjà agitée, et à laquelle on affecte d'attacher quelque importance , est une des plus oiseuses dans l'intérêt de l'histoire. Comme on ne saurait en tirer aucune conséquence d'une gravité réelle, nous n'avons pas cru nécessaire de l'aprofondir, avec le scrupule qu'on y devrait apporter, si cet éclaircissement pouvait servir à établir un droit quelconque. En se rajeunissant de dix-huit mois, le but de Napoléon aurait été, dit-on, de se faire considérer comme né Français, la Corse n'ayant été acquise à la France, n'ayant été réputée partie du royaume qu'au mois de juin 1769. Cette supposition est-elle admissible? Napoléon, doué d'un esprit éminemment juste, a-t-il pu croire atteindre à son but par cette insuffisante altération? Ignorait-il que de toutes les circonstances qui pouvaient lui donner le caractère de Français, la date de sa naissance était la moins concluante; que l'enfant est toujours de la nation de ses pères ; qu'il ne pouvait être que Corse;

même après la réunion, par cela seul qu'il était né de père et de mère Corses. C'est dans sa vie entière et non dans son acte de naissance qu'il faut chercher ses titres de naturalisation. Si pendant le cours de cette vie, toutes ses facultés n'avaient pas été consacrées aux intérêts de la France, Napoléon serait moins Français que ce Saxon, que ce Maurice, naturalisé à Fontenoi par la victoire; Napoléon ne serait pas plus Français que tant d'hommes qui croient l'être parce qu'ils sont de France. » *Vie politique et militaire de Napoléon*, par M. Arnault, 1er *alinéa*, in-folio, gravures, etc.

N° 2   (*Page* 9).

PRÉFECTURE DU DÉPARTEMENT DE LA SEINE.

VILLE DE PARIS.

ÉTAT CIVIL.   2e MAIRIE.

Extrait des Registres des Actes de Mariage de l'an IV.

DÉPARTEMENT DE LA SEINE.

Deuxième Arrondissement municipal du canton de Paris.

Du dix-neuvième jour du mois de ventôse de l'an 4e de la République (1), *9 mars* 1796.

Acte de mariage de Napolione Bonaparte (2), général en chef de l'armée de l'intérieur, âgé de *vingt-huit ans*, né à Ajaccio, dé—

---

(1) Les Almanachs impériaux donnent à ce mariage la date du 18 ventôse, ou 8 mars. MM. Salgues et Mahul n'ont indiqué que celle de l'année.

(2) Le rédacteur a toujours écrit ce nom sans *u*, conformément à l'usage de le prononcer; mais on verra que l'acte est signé *Buonaparte*.

partement de la Corse, domicilié à Paris, rue d'Antin (3), fils de
Charles Bonaparte, rentier, et de Letizia Ramolini;

Et de Marie-Joseph-Rose de Tascher, âgée de vingt-huit ans,
née à l'île de la Martinique, dans les îles du Vent, domiciliée à
Paris, rue Chantereine, fille de Joseph-Gaspard de Tascher, ca-
pitaine de dragons, et de Rose-Claire des Vergers de Sanois, son
épouse;

Moi, Charles-Théodore-François Leclerq, Officier public de
l'État civil du deuxième Arrondissement du canton de Paris,
après avoir fait lecture, en présence des parties et témoins : 1°, de
l'*Acte de naissance de Napolione Bonaparte, qui constate qu'il est né
le cinq février mil sept cent soixante – huit*, du légitime mariage de
Charles Bonaparte et de Letizia Ramolini; 2° de l'*Acte de naissance
de Marie-Joseph-Rose de Tascher, qui constate qu'elle est née le vingt-
trois juin mil sept cent soixante – sept*, du légitime mariage de Joseph-Gaspard de Tascher et de Rose-Claire des Vergers de Sanois; vu l'Extrait de décès d'Alexandre-François-Marie Beauhar-
nois, qui constate qu'il est décédé le 5 thermidor an deux, marié
à Marie-Joseph-Rose de Tascher; vu l'Extrait des publications
dudit mariage, dûment affiché le temps prescrit par la loi, sans
opposition; et après aussi que *Napolione Bonaparte* et *Marie-Joseph-
Rose de Tascher*, ont eu déclaré à haute voix se prendre mutuel-
lement pour époux, j'ai prononcé, au nom de la loi, que *Napolione Bonaparte* et *Marie – Joseph – Rose de Tascher* sont unis en
mariage; et ce en présence des témoins majeurs, ci-après nommés,
savoir : Paul Barras, membre du Directoire exécutif, domicilié

---

(3) Lors de son mariage, Buonaparte occupait l'appartement où sont, aujourd'hui, les bureaux de l'État civil; et par un hazard singulier, le registre
sur lequel cet acte est consigné, se trouve déposé dans la pièce qui lui ser-
vait de chambre à coucher.

palais du Luxembourg; Jean Lemarrois, aide-de-camp-capitaine,
domicilié rue des Capucines; Jean-Lambert Tallien, membre du
Corps Législatif, domicilié à Chaillot; Étienne-Jacques-Jérôme
Calmelet, homme de loi, domicilié rue de la Place Vendôme
n° 207, qui ont tous signé avec les parties et moi, *après lecture*. Signé : M.-J.-R. Tascher, Napolione Buonaparte, P. Barras,
Tallien, J. Lemarrois le jeune, Calmelet et Leclercq.

Délivré par nous Maire du deuxième arrondissement de Paris,
sur l'original dudit Acte de mariage, Paris, ce 5 novembre 1822.

Signé Sanlot-Baguenault, *Maire.*

Ici est le scel de la Mairie.

N° 3.　　　　　　　　　　　　　　　(*Page* 15).

Battesimo Napoleone Bonaparte.

« L'anno mille settecento settant'uno a vent' uno Luglio si so-
» no adoprate le sacre ceremonie e preci, per me infratto éco-
» nomo, sopra di Napoleone figlio nato di legm ô matrimonio
» del sig.r Carlo Bonaparte del fù sig.re Gius.e, e dalla sig.a Mr.ª
» Letizia sua moglie al quale gli fù data lacqua in casa dal Mlt.º
» R. Luciano Bonaparte di licenza e nato il quindici agosto mille
» settecento sessanta noue, ed hanno assistito alle sacre ceremonie
» per padrino l'illm ô Lorenzo Giubega di Calvj procuratore del
» re e per Mad.ª la sig.ª Mra Geltrvda moglie del sig.r Nicolo Pa-

» rauisino. Presente il Prê quali unitamente a me si sono sotto-
» scritti. *

    » Giô Battâ Diamante economo d'Ajaccio.

    » Lorenzo Giubega.

    » Geltrude Paravicina.

    » Carlo BUONAPARTE.

TRADUCTION.

Baptême de Napoléon Bonaparte.

L'an mil sept cent soixante - onze, le vingt-un juillet, les saintes cérémonies et les prières ont été administrées par moi, soussigné, Économe, à Napoléon, né le quinze août mil sept cent soixante-neuf, du légitime mariage de M. Charles Bonaparte, fils de feu Joseph, avec Madame Marie Letizia, son épouse, et d'après l'autorisation, l'eau lui a été administrée dans la maison du révérendissime Lucien Bonaparte; à ces saintes cérémonies, ont assisté, en qualité de parrain, M. Lorent Giubega de Calvi, procureur du Roi, et comme marraine, Madame Marie Geltrude, épouse de M. Nicolas Paravisino, le père présent, et tous ont signé conjointement avec moi.

    Giâ Battâ Diamante, économe d'Ajaccio.

    Lorenzo Giubega.

    Geltrude Parauisino.

    Carlo BUONAPARTE.

(*) Ainsi le prêtre rédacteur a trois fois écrit sans *u*, le nom patronymique de Napoléon, nom que le chef de la famille écrivait lui-même avec un *u*. Cette

On a vu que, d'après l'acte de mariage de *Joséphine* avec *Buo-naparte*, elle paraît être née le 23 juin 1767 : eh bien ! cette date de l'année est encore supposée. C'est en considérant les alma-nachs et autres documens impériaux, relativement à la discussion qui précède, et en y lisant qu'*Eugène*, fils de cette dame et du vi-comte de Beauharnais, son premier mari, est né le 3 septembre 1780, que l'on a été conduit à cette recherche. Dans le fait, Jo séphine étant née, suivant ces almanachs, le 24 juin 1768, et son fils ayant reçu le jour le 3 septembre 1780 (date que tout confir-me), il en résulte qu'elle n'aurait eu que 12 ans 2 mois lors-qu'elle accoucha de lui. Outre que cet accouchement aurait été bien précoce, il y avait encore à observer que les lois s'opposent au mariage des filles avant l'âge de 15 ans révolus. Il fallait donc découvrir la cause de cette singularité. Après avoir examiné, à la mairie, la date de mil sept cent soixante-*sept*, sur l'acte du premier mariage de cette dame, qui, lors du second, a suppléé l'acte de sa naissance, j'ai reconnu que ce mot *sept* est écrit sur un endroit graté et surchargé. Mais quel était le nombre auquel il a été substitué ? A l'aide d'une loupe, j'ai entrevu les linéamens du nombre *trois*, que recouvre celui de *sept*. Pour m'en convaincre

---

bizarrerie est assurément extraordinaire ; mais on ne peut supposer que l'er-reur soit dans la signature. « *Note de M. de Beaumont.* »

On lit dans le *Précis chronologique et historique de la Vie de Napoléon Bonaparte*, inséré dans l'édition de ses œuvres (Paris. Panckoucke. 1821), « qu'il eut pour parrain, le célèbre Paoli, dont l'exemple contribua puissamment au développement des facultés de Napoléon. » Il est évident, par l'acte que l'on vient de transcrire, et par la signature de *Lorenzo Giubega*, que l'auteur de ce *Précis* a été mal informé.

complétement, j'ai pris le parti d'aller vérifier le fait sur le registre même de la paroisse de Noisy-le-Grand, où le premier mariage a été célébré, le 13 décembre 1779 ; registre actuellement déposé au greffe du tribunal civil de Pontoise. Or, l'acte de ce mariage, entièrement intact, constate que, suivant son acte de baptême, dûment visé, *Marie-Joseph-Rose de Tascher*, est née le 23
juin 1763. *

Napoléon était donc dans l'erreur, lorsqu'à Sainte-Hélène il
accusait Joséphine d'avoir dissimulé son âge, en produisant, au
lieu de son acte de naissance, celui d'une sœur cadette, morte depuis long-temps.

POSTCRIPTUM.

J'ai cité, page 12, un passage entier du *Mémorial de Sainte-
Hélène ;* je vais donner l'extrait de quelques autres qui viennent à
l'appui ou de la discussion qui précède, ou de la Généalogie de
Buonaparte, de laquelle on a parlé si diversement. J'y joindrai des
observations très-succinctes.

16 *au* 21 *Août* 1815. Buonaparte, dit M. le comte Las-Cases,
arrivé au commandement de l'armée d'Italie, se donna bien de
garde d'altérer cette orthographe, qui était plus spécialement la
nuance italienne ; mais plus tard et au milieu des Français, il voulut le franciser et ne signa plus que *Bonaparte.*

« Lors de son entrée, comme vainqueur, dans Trévise, on lui
annonça que sa famille y avait été puissante ; à Bologne, qu'elle y

---

(*) Et non le 24 juin, comme on le dit dans la *Galerie des Contemporains*,
in-f°., portraits, etc. 1826 ; différence qui provient de ce qu'on a pris la
date de l'acte pour celle de la naissance.

était inscrite sur le livre d'or ; et à Florence, que ses ancêtres y avaient été sénateurs : en un mot, on lui fit remarquer les insignes des Buonaparte, parmi ceux des anciens patriciens de plusieurs villes d'Italie. »

« A l'entrevue de Dresde, continue l'annaliste, l'empereur François apprit à l'empereur Napoléon, son gendre, que sa famille avait été souveraine à Trévise, et qu'il s'en était fait représenter les documens : il ajouta qu'il était sans prix d'avoir été souverain, et qu'il fallait le dire à *Marie-Louise*, à qui cela ferait grand plaisir. »

Je ne sais si les documens présentés à l'empereur François étaient les mêmes que ceux dont on s'est servi pour la *Généalogie de Napoléon Bonaparte*, mise au-devant de ses *Œuvres*, publiées par Panckoucke ; mais j'ai lu attentivement cette *Généalogie*, ou plutôt ce *Mémoire*, et je n'y ai trouvé que des probabilités, ou plutôt des conjectures : on n'y rapporte aucune preuve de tout ce qu'on avance.

12 *Juillet* 1816. M. de Las-Cases raconte que : « l'on était venu démontrer à l'Empereur, qu'il était descendant linéal du *Masque de Fer*, que les *Mémoires de Richelieu* et d'autres écrits font, comme l'on sait, frère jumeau de Louis XIV, et son aîné ; que, par conséquent, Napoléon était l'héritier légitime de Louis XIII et de Henri IV. L'Empereur dit qu'il n'eût pas été difficile d'établir quelque chose de la sorte pour la *multitude*. Le Gouverneur des îles Sainte-Marguerite se nommait *Bonpart ;* circonstance singulière. Il avait une fille. L'infortuné chercha dans l'amour, un adoucissement à son malheur, et de l'aveu de la cour, M. de Bonpart les maria. Les enfans qui naquirent de cette union, furent clandestinement écoulés en Corse, où la différence du langage avait transformé leur nom de *Bonpart*, en *Bonaparte*, ou *Buonaparte*, qui au fond, présente le même sens. »

Lors même que cette filiation serait aussi vraie qu'elle est fabuleuse, la *multitude* n'eût-elle pas manqué d'observer que, dans l'hypothèse, l'héritier légitime n'était pas *Napoléon*, mais *Joseph*, son aîné ?

On a fait cette autre observation. Le nom de *Buonaparte* appartient à l'histoire, et pourtant ce nom est aujourd'hui entièrement abandonné. Napoléon a été le premier à l'oublier. Depuis sa mort, ce nom patronymique, qui devrait être sans prix pour sa famille, semble être une sorte de fardeau dont chacun de ses membres s'est empressé de se débarrasser.

Joseph *Buonaparte* a pris le nom de *comte de Survilliers* ;

Lucien est *prince de Canino;*

Louis, plus modeste, est *comte de Saint-Leu ;*

Et Jérôme *Buonaparte*, s'appelle *le comte de Montfort;*

Enfin, la mère de *Buonaparte* a cru devoir préférer au nom de son mari, celui de Madame *Lœtitia*.

NOTE SUPPLÉTIVE

A un écrit qui a pour titre : Question d'état civil et historique : NAPOLÉON BUONAPARTE EST-IL NÉ FRANÇAIS ? *avec cette épigraphe :* Neutiquàm hæc res neglectui est tibi. TERENT. (*)

———————

La *Revue rétrospective*, tome IV, p. 321, contient un article qui a donné lieu à une contestation assez vive entre plusieurs journaux sur l'époque précise de la naissance de Napoléon Buonaparte : question importante, puisqu'elle renferme celle de savoir si la France a été, ou non, gouvernée par un étranger. Quelques uns, d'après une méprise qu'on pourrait autrement qualifier, commise dans l'acte de célébration du mariage de Buonaparte avec Joséphine, ont prétendu qu'il était né le 5 février 1768, tandis que c'est, à un mois près, la date certaine de la naissance de Joseph

(*) Paris, Everat, 1826, in 8.º : tiré à cent exemplaires.

Napoléon, son frère aîné ; ce qui détruit leur opinion. Mais *La Quotidienne*, du 29 octobre dernier, a présenté la solution , et sans réplique , de cette question, en reproduisant l'extrait baptistaire de Buonaparte, déjà publié dans la dissertation qu'on vient d'indiquer. Or, suivant cet acte, tiré des registres d'Ajaccio, et dont l'authenticité et l'exactitude , en dépit des contradicteurs , sont constatés dans le même écrit, Napoléon Buonaparte est né le *quinze aoust mil sept cent soixante-neuf;* c'est-à-dire, quinze mois après la réunion de la Corse à la France : ce qui décide les deux questions.

Un correspondant de ce journal a remarqué, comme je l'avais fait avant lui, que dans le corps de l'acte le nom de famille est écrit deux fois *Bonaparte*, sans *u*, quoique le père ait signé *Buonaparte*. Il est probable, dit-il avec raison, qu'il y a eu erreur de la part du prêtre ; mais il se trompe, lorsqu'il ajoute que « le corps de l'acte doit seul faire foi pour l'orthographe des noms propres, et qu'en conséquence, Napoléon avait le droit de signer *Bonaparte*. » Propositions étranges et qu'on doit réfuter. En effet, il s'ensuivrait que l'ignorance, ou l'incurie, du rédacteur d'un acte de l'état civil, suffirait pour dénaturer et falsifier les noms patronymiques et pour rendre les membres d'une même famille étrangers les uns aux autres. Il n'en est pas ainsi; en raison comme en droit, l'erreur ne peut jamais prévaloir sur une possession héréditaire : c'est pourquoi la signature, seule, a toujours déterminé les magistrats ; surtout, lorsque, comme dans notre espèce, tous les individus de la famille ont constamment signé *Buonaparte*. Et c'est ainsi que Napoléon lui-même a toujours signé ses actes civils et administratifs jusqu'à l'âge de trente-trois ans ; notamment cet acte de célébration de son mariage avec Joséphine, (*) quoique le commis de l'état civil ait aussi, suivant la manière de prononcer, écrit sans *u*, le nom de *Buonaparte*.

Enfin, son père, Charles Buonaparte, invité par d'Hozier de Sérigny, juge d'armes de la noblesse de France, à déclarer s'il doit donner à la famille le nom de *Bonaparte*, ou

(*) Inscrit aux registres de la mairie du 2.ᵉ arrondissement de Paris, à la date du 19 ventôse an IV (9 mars 1796).

celui de *Buonaparte*, son père, dis-je, répondit par une lettre datée de Versailles (*), le 8 mars 1779, que « l'orthographe de son nom de famille est celui de *Buonaparte*. »

Ainsi, lorsque Buonaparte a supprimé l'*u*, de son nom, à l'époque où il fut nommé Consul à vie, ce ne fut pas, comme on l'a prétendu, pour dissimuler une origine étrangère, puisqu'il savait très-bien, (ce que notre écrit a prouvé depuis), qu'il était né Français; mais ce fut pour confirmer ce fait, ce titre dont il se montrait jaloux, et pour sanctionner l'usage généralement reçu de prononcer *Bonaparte* (**).

––––––––––

La date de la naissance de Joséphine a été aussi fort controversée. Si l'on s'en rapportait au

(*) Où il se trouvait pour être présenté au Roi, comme député de la noblesse de Corse.

(**) Il est inutile de donner, comme pièces justificatives, l'acte de baptême de Napoléon et celui de son mariage avec Joséphine; ils sont insérés dans l'écrit que j'ai publié en 1826. La *Revue rétrospective*, tome v, p. 150, vient aussi de les transcrire à l'appui de nouvelles observations.

même acte de célébration de son mariage avec Buonaparte, elle paraît être née le 23 juin mil sept cent soixante-*sept :* tous les actes et documens officiels l'ont répété. Néanmoins, après avoir examiné à la mairie, l'acte du premier mariage de cette dame, qui, lors du second, a suppléé l'acte de sa naissance, j'ai reconnu que le mot *sept* est écrit sur un endroit graté et surchargé. Mais quel était le nombre auquel il a été substitué? A l'aide d'une loupe, j'ai entrevu les linéamens du mot *trois*, que recouvre celui de *sept.* Pour m'en convaincre complètement, j'ai pris le parti d'aller vérifier le fait sur le registre même de la paroisse de Noisy-le-Grand, où le premier mariage a été célébré, le 13 décembre 1779; registre actuellement déposé au greffe du tribunal civil de Pontoise. Or, l'acte de mariage, entièrement intact, constate que suivant son acte de naissance, dûment visé, *Marie-Josephe-Rose de Tascher* est née *le vingt-trois juin mil sept cent soixante-trois.*

Napoléon était donc dans l'erreur lorsqu'à Sainte-Hélène il accusait Joséphine d'avoir dissimulé son âge, en produisant, au lieu de

son acte de naissance, celui d'une sœur cadette morte depuis long-temps. Mais est-il
aussi dans l'erreur l'auteur d'un écrit où l'on
soutient que Buonaparte, empressé de conclure son mariage, et n'ayant pas son extrait
de baptême, a fait usage de celui de Joseph
Napoléon (*), son frère aîné ? Accusation
grave, et que la suppression de cet acte,
attribuée, non sans motif, à Napoléon, rend,
au moins, problématique.

(*) Son acte de naissance lui donne aussi ce prénom.